Klaus Obermayer

Staat und Religion
Bekenntnisneutralität zwischen
Traditionalismus und Nihilismus

SCHRIFTENREIHE
DER JURISTISCHEN GESELLSCHAFT e.V.
BERLIN

Heft 53

1977

DE GRUYTER · BERLIN · NEW YORK

Staat und Religion

Bekenntnisneutralität zwischen Traditionalismus und Nihilismus

Klaus Obermayer

Vortrag
gehalten vor der
Berliner Juristischen Gesellschaft
am 16. Februar 1977

W
DE
G

1977

DE GRUYTER · BERLIN · NEW YORK

Dr. *Klaus Obermayer*

o. Prof. für Staats-, Verwaltungs- und Kirchenrecht
an der Universität Erlangen-Nürnberg

CIP-Kurztitelaufnahme der Deutschen Bibliothek

> **Obermayer, Klaus**
>
> Staat und Religion : Bekenntnisneutralität
> zwischen Traditionalismus u. Nihilismus ;
> Vortrag gehalten vor d. Berliner Jur. Ges. am
> 16. Februar 1977. — 1. Aufl. — Berlin, New
> York : de Gruyter, 1977.
>
> (Schriftenreihe der Juristischen Gesellschaft
> e.V. Berlin ; H. 53)
> ISBN 3-11-007329-3

Satz und Druck: Saladruck, 1000 Berlin 36
Buchbindearbeiten: Berliner Buchbinderei Wübben & Co., 1000 Berlin 42

A.

Tempo und Intensität der *intellektuellen Veränderungen unserer Zeit* bewirken einen tiefgreifenden Wandel im Verständnis der obersten Rechtsprinzipien und damit auch der Fundamente des staatlichen Religionsrechts. Im Brennpunkt der Auseinandersetzungen steht dabei die Frage, nach welchen Maximen der verfaßte Staat ethische und religiöse Angelegenheiten zu entscheiden habe.

Diese Frage ist von besonderer Bedeutung in einer Lage, die durch den rasanten Verlust überkommener Wertvorstellungen geprägt ist. Unbeschadet gewisser Ansätze zur „Wiederentdeckung der Religion"[1] scheint es, daß der Schwund des metaphysischen Bewußtseins mit seinen destruktiven Auswirkungen auf viele Lebensbereiche[2] immer noch andauert. Elternhaus, Schule, Hochschule und politische Machtträger verfehlen weitgehend ihre Aufgabe, der heranwachsenden Generation glaubwürdige geistige Ziele zu vermitteln. Die Kirchen sind in vordergründige organisatorische und politische Querelen verstrickt, während die Theologie zu einer Vielzahl kontroverser Lehrmeinungen ausfächert, die oft nur noch von Experten verstanden werden und einen zentralen Konsens vermissen lassen. Die Philosophie schließlich, schon lange nicht mehr „Königin der

---

[1] H. N. Janowski, Evangelische Kommentare 1976, Heft 3, S. 107 ff. Vgl. auch: H. Fries, Stimmen der Zeit 1976, Heft 3, S. 183 ff.; H.-O. Wölber, Lutherische Monatshefte 1976, Heft 5, S. 237 f.; E. Feil, Stimmen der Zeit 1977, Heft 1, S. 14 f.

[2] Nicht zuletzt auch auf das Verhältnis des Menschen zur Natur, worauf der australische Biologe Charles Birch in seinem aufsehenerregenden auf der Weltkirchenkonferenz in Nairobi 1975 gehaltenen Vortrag (etwas gekürzt abgedruckt in Lutherische Monatshefte 1976, Heft 1, S. 12 ff.; vgl. auch J. Hübner, Lutherische Monatshefte 1976, Heft 8, S. 444 ff.) hingewiesen hat.

Wissenschaften"[3], droht im rationalen Kalkül auf- bzw. unter-
zugehen, ohne sich den Herausforderungen der Seins- und Sinn-
problematik zu stellen, die in den vergangenen Jahrtausenden
menschlichem Denken und Handeln die schöpferischen Impulse
gegeben haben. Das „Leiden an einem existentiellen Vakuum"[4]
ist evident[5].

Unter diesen Umständen ist es eine unabweisbare Notwendigkeit, mit allem Ernst — und d. h. auch mit der Bereitschaft zur
Neuorientierung — das Verhältnis von Staat und Religion in
der Verfassungsordnung des Bonner Grundgesetzes zu überden-
ken. Dabei ist zu erwägen, ob nicht der staatlichen Bekenntnisneutralität eine Rolle gesichert werden kann, die weder von
überholten historischen Prämissen bestimmt noch als religiöse
Indifferenz des Staates verstanden wird.

B.

Meine Überlegungen gliedern sich in *drei Teile*. Ich beginne mit
einer nomenklatorischen Klarstellung, um mögliche Mißver-
ständnisse über die Bedeutung der verwendeten Begriffe auszu-
schalten (I.). Sodann werde ich die derzeit anerkannten religionsrechtlichen Strukturprinzipien erörtern und dabei der
staatlichen Bekenntnisneutralität besondere Aufmerksamkeit
schenken (II.). Schließlich will ich versuchen, im Blick auf Art. 1
GG ein weiteres religionsrechtliches Strukturprinzip aufzuzei-
gen, das als „Sinnverantwortung des Staates" die eingrenzende

---

[3] Zur heutigen Lage der Philosophie siehe W. Schulz, Philosophie in der
veränderten Welt, 1972 (insbes. S. 7 f.). — Bereits 1963 stellte Romano
Guardini (Theologische Briefe an einen Freund, Einsichten an der Grenze
des Lebens, hrsg. aus dem Nachlaß 1976, S. 54), fest, daß die Geistes-
wissenschaften „in einer fast beschämenden Weise in den Hintergrund ge-
drängt" sind, „so sehr, daß sie manchmal den Charakter der Ernsthaftig-
keit zu verlieren scheinen".

[4] H.-O. Wölber, Evangelische Kommentare 1976, Heft 5, S. 300.

[5] Vgl. die Feststellung von H. G. Koch (Herder Korrespondenz 1976,
Heft 4, S. 173), daß die „Haltung der Gleichgültigkeit zumindest *eine*
Signatur der Gegenwart ist" und daß „die Frage nach einem Absoluten,
nach Transzendenz" „kein Publikum zu finden" scheint.

Funktion der staatlichen Bekenntnisneutralität durch positive Akzente ergänzt (III.).

I. Angesichts des unterschiedlichen Verständnisses der Begriffe „Religion" und „Weltanschauung", „Kirche", „Religionsgemeinschaft bzw. -gesellschaft" und „Weltanschauungsvereinigung", „Staatskirchenrecht" und „Religionsrecht" ist es notwendig, vorweg die verwendete *Nomenklatur* näher zu *bestimmen*.

1. Das Wort „*Religion*" hat im folgenden — ebenso wie das Wort „religiös" — eine Bedeutung, die sich nicht auf sogenannte theistische Glaubensüberzeugungen (im Sinne der überkommenen, insbesondere der christlichen Religionen) beschränkt. Es erfaßt (unter Einschluß sogenannter „Weltanschauungen") jede Vorstellung von Sinn und Bewältigung menschlichen Daseins, das in Kultformen seine Bezeugung findet[6]. Unberücksichtigt bleibt, ob eine solche Lehre nach Auffassung seiner Anhänger als „Religion" oder als „Weltanschauung" zu beurteilen ist. Die Notwendigkeit der Anerkennung dieses Begriffes der Religion im weiteren Sinne folgt aus der Tatsache, daß sich derzeit die Begriffe „Religion" und „Weltanschauung" nicht mehr auf Grund allgemein anerkannter Kriterien voneinander abgrenzen lassen[7].

2. Demzufolge wird auch der Begriff der „*Religionsgemeinschaft*" — der nach dem gesetzlichen Sprachgebrauch mit dem Begriff der „Religions*gesellschaft*" identisch ist[8] — nicht auf die christlichen Kirchen und andere theistische Glaubensgemeinschaften beschränkt. Ihm werden vielmehr sämtliche Vereinigungen zugeordnet, die sich zu einer Religion im weiteren Sinne und damit auch zu einer Weltanschauung bekennen. Eine solche Terminologie ist deshalb gerechtfertigt, weil das geltende Verfassungsrecht — gemäß Art. 3 GG dem Sinne nach und gemäß Art. 140 GG in Verbindung mit Art. 137 Abs. 7 WRV aus-

---

[6] Vgl. hierzu Obermayer, Bonner Kommentar, Art. 140 (Zweitbearbeitung) Rdnr. 40 f.

[7] A. a. O., Rdnr. 42.

[8] A. a. O., Rdnr. 36.

drücklich — den Religionsgemeinschaften die Vereinigungen gleichstellt, die sich die gemeinschaftliche Pflege einer Weltanschauung zur Aufgabe machen[9].

3. Als staatliches *Religionsrecht* wird die Summe der Rechtsnormen betrachtet, die die Beziehungen zwischen dem Staat und allen Religionsgemeinschaften (unter Einschluß der Weltanschauungsvereinigungen) regeln[10]. Herkömmlicherweise werden diese Normen als „Staatskirchenrecht" bezeichnet, was dem Umstand Rechnung trägt, daß die Kirchen im religiösen Bereich immer noch die bei weitem wichtigste Kraft darstellen.

II. Die *anerkannten religionsrechtlichen Strukturprinzipien* unserer Verfassungsordnung sind die rechtliche Überordnung des Staates über alle Religionsgemeinschaften, die Bekenntnisneutralität des Staates und das Selbstbestimmungsrecht der Religionsgemeinschaften.

1. Betrachten wir zunächst diese Strukturprinzipien *im allgemeinen*, so ist folgendes zu sagen:

a) Die *rechtliche Überordnung des Staates über alle Religionsgemeinschaften*[11] ergibt sich aus dem Grundsatz der Souveränität der Staatsgewalt als der rechtlich höchsten Gewalt in einem bestimmten Staatsgebiet. Sie hat in der pluralistischen Gesellschaft die Religionsfreiheit eines jeden einzelnen und einer jeden Gruppe zu sichern. Durch ihre Bindung an die Grundrechtsbestimmungen ist sie weitgehend entschärft, so daß sie nicht mit der staatlichen Omnipotenz verglichen werden kann, denen die Kirchen in der Zeit des Staatskirchentums[12] und zum Teil auch noch der Staatskirchenhoheit[13] preisgegeben waren.

---

[9] A. a. O., Rdnr. 38.
[10] Dieser Terminologie bedient sich auch Mikat (Zur rechtlichen Bedeutung religiöser Interessen, 1973, S. 13).
[11] Zu diesem Strukturprinzip siehe Obermayer, a. a. O. (Anm. 6), Rdnr. 85.
[12] Vgl. a. a. O., Rdnr. 5 ff.
[13] Vgl. a. a. O., Rdnr. 22.

b) Die *staatliche Bekenntnisneutralität*[14] ist die unabdingbare Voraussetzung für die Verwirklichung der Religionsfreiheit. Sie ist verfassungsrechtlich verankert in mehreren Grundgesetzbestimmungen und in solchen Normen der Weimarer Reichsverfassung, die durch Art. 140 GG in das Grundgesetz inkorporiert worden sind. Im einzelnen wird sie gewährleistet durch

1) Art. 4 GG, der die Glaubens-, Gewissens- und Bekenntnisfreiheit sowie die freie Religionsausübung garantiert,

2) den Gleichheitssatz des Art. 3 GG, soweit dieser nach seinem Absatz 3 die Benachteiligung oder Bevorzugung aus religiösen Gründen untersagt,

3) die dem allgemeinen Gleichheitssatz zugeordneten Verfassungsbestimmungen des Art. 33 Abs. 3 GG und des Art. 136 Abs. 1 und 2 WRV, die den Genuß bürgerlicher und staatsbürgerlicher Rechte vom religiösen Bekenntnis unabhängig machen,

4) Art. 137 Abs.1 WRV, der das Vorhandensein einer Staatskirche ausschließt.

Auf Grund seiner Bekenntnisneutralität darf sich der Staat mit keiner Religion identifizieren und keine Religionsgemeinschaft bzw. keine Gruppe von Religionsgemeinschaften aus religiösen Gründen bevorzugen oder benachteiligen.

c) Nach dem aus Art. 4 GG und Art. 137 Abs. 3 WRV resultierenden *Selbstbestimmungsrecht der Religionsgemeinschaften*[15] genießen diese im Kultusbereich ein verfassungsrechtlich abgeschirmtes Betätigungsfeld, das — staatlicher Ingerenz entzogen — ausschließlich ihrer eigenen Kontrolle untersteht.

2. Die Tragweite der *staatlichen Bekenntnisneutralität*, die auch das Verständnis des Selbstbestimmungsrechts der Religionsgemeinschaften beeinflußt, ist das wohl *umstrittenste Problem* des gegenwärtigen staatlichen Religionsrechts.

---

[14] Siehe a. a. O., Rdnr. 76 ff.
[15] Siehe a. a. O., Rdnr. 86.

a) Die *Diskrepanz der Meinungen* sowie die *Inkonsequenz in der Ausformung mancher Konzepte* ist unverkennbar.

(1) Im *Schrifttum* weisen die Auslegungsdifferenzen eine große Spannweite auf[16].

Auf der einen Seite wird die staatliche Bekenntnisneutralität im Sinne der traditionellen Staatskirchenrechtswissenschaft unter ein christliches Vorzeichen gestellt und damit nicht unerheblich relativiert. Einige Autoren[17] vertreten zum Zwecke einer Privilegierung der großen — aus der Verbindung von Thron und Altar hervorgegangenen — Kirchen die Ansicht, die Bestimmungen des Art. 137 Abs. 3 und 5 WRV seien als leges speciales zu Art. 4 GG zu werten oder doch mit dieser Grundrechtsnorm „gleichrangig in Ausgleich" zu bringen[18]. Dementsprechend werden die herkömmlichen Verflechtungen zwischen Staat und Kirche als selbstverständlich und verfassungsrechtlich unproblematisch betrachtet. Dies gilt vor allem im öffentlichen Schulwesen hinsichtlich der Anerkennung eines christlichen Schultyps, der Organisation des Religionsunterrichtes als schulischer Veranstaltung und der Abhaltung von Schulgebeten[19]. Darüber hinaus wird der Kirchenvertrag als das Regelungsinstrument angesehen, das für die Ordnung der Beziehungen zwischen Staat und Kirche „angemessen" ist[20].

---

[16] Auf die verschiedenen Aspekte der Bekenntnisneutralität weist Schlaich in seiner umfassenden Monographie „Neutralität als verfassungsrechtliches Prinzip" hin (insbes. S. 129 ff.).

[17] Schrifttumsnachweise bei Obermayer, a. a. O. (Anm. 6), Rdnr. 73. Im Sinne der traditionellen Lehre insoweit auch Mikat, a. a. O. (Anm. 10), S. 18 ff.

[18] Unverständlich bleibt dabei vor allem auch die Ansicht, daß aus den — notwendigerweise aktuell zu interpretierenden (vgl. Obermayer, a. a. O. — Anm. 6 —, Rdnr. 71) — Vorschriften des Art. 137 WRV eine Privilegierung der großen Kirchen zu entnehmen sei.

[19] Zu diesen Fragen Näheres unter (2).

[20] Wegen der verfassungsrechtlichen Problematik des Kirchenvertrages siehe Obermayer, a. a. O. (Anm. 6), Rdnr. 88 ff.

Auf der anderen Seite wird — mit durchaus unterschiedlichen Motivationen und Zielsetzungen — die Bekenntnisneutralität als Prinzip beurteilt, das den Staat zu strikter religiöser Indifferenz verpflichtet. So erklärt Herbert Krüger in Erinnerung an „die furchtbaren Erfahrungen der Religionskriege" und zur Vermeidung von Spaltungen im Staat die Religion „für staatlich unerheblich" mit der Folge, daß sie aus dem staatlichen Bereich auszuklammern und in einen unstaatlichen Bereich zu verweisen ist[21]. Im übrigen steht hinter der These von der religiösen Indifferenz des Staates nicht selten ein laizistischer Affekt[22], eine Gleichgültigkeit oder gar eine unmißverständliche Feindseligkeit gegenüber der Religion überhaupt oder zumindest gegenüber den christlichen Kirchen[23]. Der Grundsatz der Religionsfreiheit wird dann als Maxime zur Befreiung *von* der Religion verstanden[24] mit der Absicht, die vorhandenen Bindungen zwischen dem Staat und den Kirchen weitgehend oder sogar völlig zu beseitigen.

Von den der traditionellen Lehre verbundenen Autoren haben in letzter Zeit u. a. Paul Mikat und Ulrich Scheuner Gedanken geäußert, die geeignet sind, die Bekenntnisneutralität in einem neuen Lichte erscheinen zu lassen. Paul Mikat hat festgestellt, daß der Staat „die religiösen Institutionen, ihre Anliegen, ihren Status und ihre Effektivität als öffentliche Angelegenheiten in den Blick nehmen" muß, „weil sie als soziale Einrichtung geist-

---

[21] Herbert Krüger, Allgemeine Staatslehre, 2. Aufl. 1966, S. 179. In ähnlichem Sinne auch E. Fischer, Trennung von Staat und Kirche, 2. Aufl. 1971, S. 33.

[22] So etwa bei den (vom Bundesparteitag der FDP in Hamburg 1974 beschlossenen) Thesen der FDP „Freie Kirche im Freien Staat", die eine Modifikation der noch radikaleren (von der Bundesdelegiertenkonferenz der Jungdemokraten 1973 verabschiedeten) „Thesen der Jungdemokraten zur Trennung von Kirche und Staat" darstellen.

[23] So bei J. Kahl, Das Elend des Christentums oder Plädoyer für eine Humanität ohne Gott, 1968, S. 119 ff.

[24] Vgl. A. Hollerbach, „Neutralität, Pluralismus und Toleranz in der heutigen Verfassung", in: Zum Verhältnis von Staat und Kirche, Veröffentlichungen der katholischen Akademie der Erzdiözese Freiburg, 1976, S. 13.

licher Daseinsvorsorge im Dienste von Bedürfnissen stehen, die nach dem Selbstverständnis unseres Gemeinwesens zu den öffentlichen Bedürfnissen zu rechnen sind"[25]. Ulrich Scheuner hat in dem 1974 erschienenen Handbuch des Staatskirchenrechts unter dem Gesichtspunkt der Bekenntnisneutralität „eine staatliche Aktivität zur Ermöglichung und Verwirklichung" der „Freiheit in der Form pluraler Vielfalt"[26] verlangt. Der Begriff der geistlichen Daseins-[27] bzw. Freiheitsvorsorge[28] könnte den Weg ebnen zur Einsicht, daß dem Staat selbst und unmittelbar ein religiöses Anliegen aufgegeben ist, das keineswegs auf eine Privilegierung der christlichen Kirchen abzielt. Doch hierüber wird später noch eingehender zu reden sein.

(2) Die *Rechtsprechung* hat in einer Vielzahl von Entscheidungen der staatlichen Bekenntnisneutralität schärfere Konturen verliehen. Das maßgebliche Leitmotiv war dabei die Erkenntnis, daß das Grundgesetz „dem Staat als Heimstatt aller Staatsbürger ohne Ansehen der Person weltanschaulich-religiöse Neutralität" auferlegt, „die Einführung staatskirchlicher Rechtsformen" verwehrt und „auch die Privilegierung bestimmter Bekenntnisse"[29] untersagt. Trotzdem ist gelegentlich eine gewisse Zurückhaltung erkennbar, wenn es darum geht, aus dem genannten religionsrechtlichen Strukturprinzip die Konsequenzen für die Gestaltung der Verfassungswirklichkeit zu ziehen. Für diese Feststellung mögen drei höchstrichterliche Entscheidungen den Nachweis erbringen.

---

[25] Mikat, a. a. O. (Anm. 10), S. 32; dazu siehe Kewenig, Das Grundgesetz und die staatliche Förderung der Religionsgemeinschaften, in: Essener Gespräche zum Thema Staat und Kirche (Hrsg. J. Krautscheidt und H. Marré) 6, 1972, S. 23 f.
[26] Handbuch des Staatskirchenrechts der Bundesrepublik Deutschland, hrsg. von E. Friesenhahn und U. Scheuner in Verbindung mit J. Listl, 1. Bd., S. 62. Vgl. auch A. Hollerbach, a. a. O. (Anm. 24), S. 9 ff.
[27] Offensichtlich zum ersten Mal angesprochen von R. Herzog auf der Staatsrechtslehrertagung 1967 (VVDStRL 26 — 1968 —, 122).
[28] Hierzu vgl. auch A. Hollerbach, a. a. O. (Anm. 24), S. 18.
[29] BVerfGE 19, 216.

(a) Nach einem Urteil des Bundesverwaltungsgerichts vom 6. 7. 1973[30] verstößt die im Lande Nordrhein-Westfalen geltende Regelung, daß das Fach *Religionslehre* an den Gymnasien versetzungserhebliches wissenschaftliches Fach ist, nicht gegen das Grundgesetz. Zur Begründung seiner Auffassung stellte das Gericht fest, daß „der Grundsatz der weltanschaulich-religiösen Neutralität des Staates" „insoweit eine Durchbrechung" finde, „als Art. 7 Abs. 3 Satz 1 GG mit verfassungsrechtlicher Garantie den Religionsunterricht an den öffentlichen Schulen zu einer — jedenfalls auch — staatlichen Aufgabe erklärt"[31]. Als ordentliches Lehrfach gehöre „der Religionsunterricht somit zu den Pflichtfächern der Schule, die — unbeschadet der weiteren Frage nach Haupt- und Nebenfach — grundsätzlich versetzungserheblich sein können"[32]. Dem stände nicht entgegen, daß „der Schule die Bestimmung des Lehrinhalts weitgehend entzogen ist". Die Vermittlung von Glaubenssätzen durch die jeweilige Religionsgemeinschaft schließe nicht aus, „daß der Religionsunterricht ein auf Wissensvermittlung gerichtetes Lehrfach ist" und „daß Mitarbeit und Leistungen der Schüler in diesem Unterrichtsfach bewertet werden und bei der Versetzungsentscheidung berücksichtigt werden können"[33]. Bedenken gegenüber dieser Argumentation sind wohl zunächst schon deshalb angebracht, weil das Gericht — mit seiner Behauptung der „Durchbrechung" des Neutralitätsprinzips — auf eine Prüfung der Frage verzichtet, ob nicht die Regelung des Art. 7 Abs. 3 Satz 1 GG im Hinblick auf die („stärkere") Verfassungsnorm des Art. 4 restriktiv ausgelegt werden muß[34]. Im übrigen blieb das Problem unerörtert, wie der bekenntnisneutrale Staat die Versetzungsrelevanz der Religionsnote im staatlichen Bereich verantworten soll, ohne die Möglichkeit einer Einfluß-

---

[30] BVerwGE 42, 346 ff.
[31] BVerwGE 42, 348.
[32] BVerwGE 42, 349.
[33] BVerwGE 42, 350.
[34] Vgl. Obermayer, NJW 73, 1817.

nahme auf die sachliche Gestaltung des Religionsunterrichts (und damit auf die Festsetzung und Kontrolle des Prüfungsstoffes, der Prüfungsbedingungen und der Notengebung) zu haben. Der bekenntnisneutrale Staat verfügt eben nicht über eine Kompetenz, die Gestaltung des Religionsunterrichtes ebenso zu lenken wie die Durchführung der übrigen Unterrichtsfächer. Daher ist er auch nicht in der Lage, eine „richtige" Notengebung im Fach Religionslehre zu garantieren.

(b) In den Leitsätzen seines Urteils vom 30. 11. 1973[35] hat das Bundesverwaltungsgericht festgestellt, daß „durch das Grundgesetz, insbesondere die weltanschaulich-religiöse Neutralität des Staates", die Länder nicht gehindert werden, „an einer nicht bekenntnisfreien Gemeinschaftsschule ein *Schulgebet* zuzulassen". Für das Gericht folgt „die bundesverfassungsrechtliche Zulässigkeit eines Schulgebets in der öffentlichen Schule auch außerhalb des Religionsunterrichts" „aus der grundsätzlichen Zulässigkeit der nicht bekenntnisfreien Schulen, die Art. 7 Abs. 3 GG und für den Bereich des Volksschulwesens insbesondere Art. 7 Abs. 5 GG als grundsätzlich zulässige Schultypen voraussetzt".
Damit seien „auch die religiösen Elemente einer nicht bekenntnisfreien Schule, zu denen das Schulgebet gehört, grundsätzlich als zulässig anerkannt"[36]. Es soll hier die *religiöse* Problematik eines offiziellen Schulgebetes ausgeklammert und nur die verfassungsrechtliche Frage gestellt werden, ob nicht auch das zitierte Schulgebetsurteil eine verfassungskonforme (restriktive) Interpretation des Art. 7 GG unter Berücksichtigung des Art. 4 GG vermissen läßt. Kann der bekenntnisneutrale Staat wirklich gewährleisten, daß der gesamte Unterricht an einer öffentlichen (Bekenntnis-)Schule die Glaubenssätze einer bestimmten Konfession zum Richtmaß nimmt? Muß sich nicht vielmehr die verfassungsrechtlich vorgesehene öffentliche Bekenntnisschule im

---

[35] BVerwGE 44, 196 ff.
[36] BVerwGE 42, 199.

wesentlichen an formalen Kriterien (wie der Zugehörigkeit der Lehrer und Schüler zu der betreffenden Konfession) orientieren?[37] Und kann der Staat sachlich die Verantwortung für die Veranstaltung eines Schulgebets, insbesondere für die Auswahl des „richtigen" Gebetstextes, übernehmen?[38] Den damit aufgeworfenen schwierigen Rechtsfragen wäre dadurch aus dem Wege zu gehen, daß in den öffentlichen Schulen freiwillige Schulgebete vor und gegebenenfalls nach dem lehrplanmäßigen Unterricht zugelassen werden. Als verantwortliche Veranstalter, die über die Auswahl des Gebetstextes und des Sprechers zu entscheiden hätten, kämen neben den Religionsgemeinschaften auch (freiwillige) Lehrer- und Schülergruppen in Betracht.

(c) In seinen mit so großer Spannung erwarteten Entscheidungen über die Verfassungsmäßigkeit der *christlichen Gemeinschaftsschule* in den Ländern Baden[39], Bayern[40] und Nordrhein-Westfalen[41] war das Bundesverfassungsgericht um die Aufweisung einer „Konkordanz" der in den Art. 4 und 7 GG geschützten Rechtsgüter bemüht[42]. Es hat eine Regelschule mit christlichen Bezügen unter der Voraussetzung als verfassungskonform angesehen, daß eine solche Schule keine missionarische Schule ist und daß ihr Erziehungsziel nicht christlich-konfessionell fixiert ist[43]. Die Bejahung des Christentums in den profanen Fächern wurde dann auf die „Anerkennung des prägenden Kultur- und Bildungsfaktors" festgelegt, „wie er sich in der abendländischen Geschichte herausgebildet hat"[44]. Erstaunlicher-

---

[37] Vgl. Obermayer, Gemeinschaftsschule — Auftrag des Grundgesetzes, 1967, S. 25 ff.

[38] Dagegen verdient die in der erörterten Entscheidung (BVerwGE 44, 199 f.) getroffene Feststellung, daß eine Verletzung der negativen Bekenntnisfreiheit nicht vorliege, volle Zustimmung. Dazu vgl. auch A. Hollerbach, a. a. O. (Anm. 24), S. 21 ff.

[39] BVerfGE 41, 29 ff.

[40] A. a. O., 65 ff.

[41] A. a. O., 88 ff.

[42] A. a. O., 51.

[43] A. a. O., 51 f.

[44] A. a. O., 52.

weise ist auch der christlichen Gemeinschaftsschule Bayerns die Verfassungsmäßigkeit bescheinigt worden, obgleich Art. 135 BayVerf bestimmt, daß in ihr „die Schüler nach den Grundsätzen der christlichen Bekenntnisse unterrichtet und erzogen" werden. Aber — wie das Gericht bemerkte — können diese Grundsätze nur die Werte und Normen sein, „die vom Christentum maßgeblich geprägt, auch weitgehend zum Gemeingut des abendländischen Kulturkreises geworden sind"[45]. Diese Ausführungen besagen nichts anderes, als daß die bayerische christliche Gemeinschaftsschule mit einem an den Grundsätzen der christlichen Bekenntnisse ausgerichteten Unterricht deshalb grundgesetzmäßig ist, weil der in ihr stattfindende Unterricht eben nicht an den Grundsätzen der christlichen Bekenntnisse (sondern an den Grundwerten des abendländischen Kulturkreises) auszurichten ist.

b) Die bestehenden Ungereimtheiten im Verständnis der staatlichen Bekenntnisneutralität lassen ein *verfassungsdogmatisches Unbehagen* zurück.

Was bedeutet das genannte Prinzip nun wirklich? Gibt es nur die Alternative, entweder Durchbrechungen der Bekenntnisneutralität anzuerkennen oder ihr die Aufgabe zuzusprechen, jede religiöse Betätigung im öffentlichen Bereich zu unterbinden. Angesichts dieses Dilemmas dürfte ein Versuch der Mühe wert sein, im Grundgesetz ein weiteres religionsrechtliches Strukturprinzip aufzufinden, das als „Sinnverantwortung des Staates" bezeichnet werden könnte. Es hätte allen Plädoyers für eine offizielle Religionslosigkeit entschieden entgegenzutreten und die Vielfalt der einzelnen durch die Bekenntnisneutralität geschützten pluralistischen Standpunkte zu überhöhen.

III. Soll über die *Sinnverantwortung des Staates* gesprochen werden, so ist eine Auseinandersetzung mit Art. 1 GG als dem „obersten Konstitutionsprinzip allen objektiven Rechts"[46] ge-

---

[45] A. a. O., 84.
[46] G. Dürig, in: Maunz-Dürig-Herzog, Grundgesetz, Art. 1 Rdnr. 4.

boten, das den Schutz der Menschenwürde garantiert. Dabei muß im einzelnen gefragt werden, wie die h. M. die Menschenwürde versteht (1.), welche Auslegungsregeln für die Deutung der Menschenwürde zur Verfügung stehen (2.), inwiefern die Menschenwürde eine Sinnverantwortung des Staates postuliert (3.) und welche Konsequenzen sich aus der Anerkennung eines derartigen religionsrechtlichen Strukturprinzips ergeben (4.).

1. Die *herrschende Meinung* erblickt den wesentlichen Charakterzug der *Menschenwürde* in der Freiheit des Menschen, die — dem Reich der Werte zugeordnet — von der Staatsgewalt zu respektieren und soweit notwendig durch geeignete Maßnahmen zu sichern ist[47]. Eine umfangreiche kasuistische Judikatur hat die das Recht berührenden Aspekte dieser Freiheit näher untersucht und Fälle aufgewiesen, in denen sie verletzt oder auch nicht verletzt ist[48]. Eine darüber hinausgehende Erhellung der Menschenwürde, insbesondere auch hinsichtlich ihrer Genese, wird von juristischer Seite — fast möchte man sagen: änstlich — vermieden. So hat Nipperdey einmal lakonisch-apodiktisch erklärt, daß der Begriff der Würde des Menschen keiner weiteren juristischen Definition bedürfe[49]. Das zweifellos vorhandene interpretatorische Defizit der Grundrechtslehre hat jüngst Karl Lehmann mit der Feststellung angesprochen, daß man „über eine gewisse positivistische Verharmlosung der wirklichen Grundwerte-Problematik bei nicht wenigen Autoren nur staunen" könne, wenn man „die juristischen Kommentare zur Präambel und zum Grundrechtsteil des Grundgesetzes liest"[50].

---

[47] Vgl. etwa: G. Dürig, a. a. O., Rdnr. 1 ff.; H. C. Nipperdey, in: F. L. Neumann / H. C. Nipperdey / U. Scheuner, Die Grundrechte, 2. Bd. 1954, S. 1 ff.; J. M. Wintrich, Zur Problematik der Grundrechte, 1957, S. 1 ff.; W. Wertenbruch, Grundgesetz und Menschenwürde, 1958; R. Zippelius, Art. Menschenwürde, in: Evangelisches Staatslexikon, 2. Aufl. 1975, Sp. 1554 ff.; A. Hollerbach, Aspekte der Freiheitsproblematik im Recht, in: Philosophische Perspektiven, Band V (1973), S. 29 ff.; B. Giese, Das Würde-Konzept, 1975.
[48] Vgl. die Übersicht einschlägiger Entscheidungen bei B. Giese, a. a. O., S. 14 ff.
[49] A. a. O. (Anm. 47), S. 1.
[50] Herder Korrespondenz 1977, Heft 1, S. 15.

Freilich — wie soll der bekenntnisneutrale Staat die so ungeheuren Zweifeln und Unbeweisbarkeiten ausgesetzte Menschenwürde mit einer Wesensdeutung versehen, die den Anspruch auf Allgemeingültigkeit erheben kann? Wie soll einer bestimmten in der Geistesgeschichte vertretenen Begründung der Menschenwürde, etwa der christlichen Imago-Dei-Lehre[51] oder der Autonomievorstellung Immanuel Kants[52], eine hoheitliche Sanktion verliehen werden? Es sind, zugegebenermaßen, überzeugende Argumente, die dagegen sprechen, daß sich der Staat ein bestimmtes religiöses Verständnis der Menschenwürde zu eigen macht. Dennoch trifft es wohl zu, daß „die geistige Herausforderung, welche in den Rissen des faktischen Grundwerte-Konsenses deutlich geworden sind", nicht ausreichend wahrgenommen wurde[53]. Im übrigen ist der aus dem Grundsatz der Nichtidentifikation abgeleitete Schluß, daß der religiöse Bereich für den Staat schlechthin unerheblich sei und daß daher auch die Menschenwürde nicht mit einem religiösen Aspekt versehen werden dürfe, keineswegs zwingend. Ein solcher Schluß markiert die intellektuelle Grundanfälligkeit unserer Epoche, nämlich den Trend zur Überbewertung aller greifbaren, meßbaren und berechenbaren Dinge und zur Mißachtung jener anderen, die uns auch dann bewegen, wenn wir sie mit Wort- und Begriffsspielen zu verdrängen suchen.

2. Wird die Tragweite des Art. 1 Abs. 1 GG geprüft mit der Absicht, das Prinzip der *Sinnverantwortung des Staates* verfassungsrechtlich abzustützen, so ist über das dabei angewandte Verfahren Rechenschaft abzulegen.

a) Ein kurzer *methodischer Exkurs* soll das Ziel der Auslegung und deren Mittel in Betracht ziehen.

---

[51] Vgl. hierzu die ebenso konzise wie grundsätzliche Abhandlung „Der Mensch — Ebenbild Gottes" in: W. Pannenberg, Glaube und Wirklichkeit, 1975, S. 57 ff.
[52] Vgl. Zippelius, a. a. O. (Anm. 47), Sp. 1554.
[53] K. Lehmann, a. a. O. (Anm. 50).

(1) Das *Ziel der Auslegung* besteht darin, einen Konsens über die Bedeutung der auszulegenden Norm zu gewinnen, dem alle Bürger zustimmen können. Die Glaubwürdigkeit eines religionsrechtlichen Entwurfs stände daher von vornherein auf dem Spiele, wäre er ausschließlich an dem Selbstverständnis einer Religionsgemeinschaft oder einer Gruppe von Religionsgemeinschaften orientiert. Auf die allzu oft beschworenen Formeln von der „Partnerschaft zwischen Staat und Kirche"[54] oder von der „Trennung" beider Institutionen[55] (bzw. von Staat und Religion) sollte verzichtet werden, weil sie durch Affekte belastet sind, die einer Einigung im Rahmen der pluralistischen Gesellschaft im Wege stehen.

(2) Als *Mittel der Auslegung* bieten sich zunächst die bewährten Regeln der grammatischen, logischen, historischen und systematischen Methode an. Sie allein sind jedoch unzureichend, wenn der zentrale verfassungsrechtliche Wertbegriff der Menschenwürde in Frage steht. *Seine* Interpretation ist in erster Linie auf die geisteswissenschaftliche Methode[56] angewiesen, die freilich die den Menschen formenden natürlichen Gegebenheiten gebührend zu berücksichtigen hat. Wertgefühl und Werterfahrung haben sich ebenso an der Geschichte wie an den Erkenntnissen der Naturwissenschaften — etwa der Verhaltenslehre[57] — zu orientieren. Um ein sinnvolles Auslegungsresultat zu gewinnen, bedarf es weiter der Bereitschaft zur Aufgabe überholter Positionen, der Kraft zur abwägenden und verbindenden Reflexion sowie des Mutes, eine Gewissensentscheidung zu treffen[58]. Da der Wandel der sozialen Wirklichkeit das Rechtsverständnis beeinflußt, ist jede Interpretation vor die äußerst

---

[54] Hierzu vgl. Obermayer, a. a. O. (Anm. 6), Rdnr. 85.
[55] Hierzu vgl. a. a. O., Rdnr. 82 ff.
[56] Vgl. hierzu Obermayer, NJW 66, 1891.
[57] Vgl. etwa J. Gründel, Naturgeschichtliche Voraussetzungen sittlichen Handelns, Concilium 1976, Heft 12, S. 618 ff.
[58] Zur Gesamtproblematik von „Werteinsicht und Normbegründung" vgl. auch die übrigen Abhandlungen des in Anm. 57 zit. Heftes der Zeitschrift Concilium.

schwierige Aufgabe gestellt, einerseits die negativen Tendenzen des Zeitgeistes zu erkennen und abzuwehren, andererseits die irreversiblen Fakten menschlicher Entwicklung für das Rechtsverständnis fruchtbar zu machen. Den Auslegungsvorgang können alle Glieder der Rechtsgemeinschaft beeinflussen mit der Möglichkeit, daß ihr Beitrag ernstgenommen wird und einer neuen Sicht der interpretierten Rechtsnorm die Wege ebnet. So gesehen vermag die Auslegung zur schöpferischen Aktion zu werden, die freilich des Risikos nicht entbehrt; denn die existentielle insecuritas des Auslegungs*subjektes* Mensch überträgt sich zwangsläufig auf jedes Auslegungs*objekt*. Das gilt um so mehr, wenn — wie hinsichtlich der Menschenwürde — auch und vor allem Fragen zu beurteilen sind, die sich mit Kausalgesetz, Experiment und logischem Schluß nicht fassen lassen. In der Tat entsteht damit die Gefahr, daß eine Vielzahl unterschiedlicher Interpretationen das Recht überflutet und paralysiert. Ihr zu begegnen, ist in der rechtsstaatlichen Demokratie Aufgabe des — sondierenden und klärenden — öffentlichen Willensbildungsprozesses sowie der gerichtlichen Kontrolltätigkeit.

3. Bemühen wir uns nach den Prinzipien der geisteswissenschaftlichen Methode um eine *Auslegung des Art. 1 Abs. 1 GG*, so drängt sich die Erkenntnis auf, daß die Menschenwürde — als wertgebundene Freiheit qualifiziert — nicht einfach als gegeben hingenommen und aus sich selbst heraus verstanden werden kann. Sie ist kein „gleichsam naturwissenschaftlich zu sicherndes Faktum"[59] und läßt sich nur aus Glauben und Gewissen heraus begreifen — in sorgfältiger Würdigung historischer Prozesse und unter Beachtung des neuesten Standes aller Disziplinen, die den Menschen betreffen.

Hat der Staat Fragen zu entscheiden, die — wie das Verbot oder die Beseitigung der Todesstrafe, die Schwangerschaftsunterbrechung, die Ehescheidung oder die Sterbehilfe — nachhaltig

---

[59] W. Pannenberg, a. a. O. (Anm. 51), S. 62.

die Menschenwürde berühren, so vermag er nicht auf deren Hinterfragung zu verzichten[60]. Dabei wird deutlich, daß diese Menschenwürde das materiale Wertproblem katexochen der Weltgeschichte darstellt, das sich von der Frage nach dem Sinn des Lebens nicht trennen läßt[61]. Immer wenn die Menschenwürde verhandelt wurde, war zugleich unüberhörbar die Frage gestellt, woher der Mensch kommt und wohin er geht, was seine Aufgaben und Möglichkeiten sind, wie er sich zu verhalten habe zu sich selbst, zu den Menschen und Organen der staatlichen Gemeinschaft, zu anderen Menschen und anderen politischen Institutionen und schließlich zur gesamten Ökumene; wie — um jene bekannte Formel Max Schelers aufzugreifen — seine Stellung im Kosmos ist[62], wie er der Vergangenheit verhaftet und für die Zukunft ausgewiesen ist, warum Armut, Zwang, Leid, Krankheit und Tod die unausbleiblichen Stigmata seiner Existenz sind. Freilich führt dann die Hinterfragung von Menschenwürde und Lebenssinn ins Ungewisse, weil sie keinen griffigen Ausschnitt einer eindeutig bestimmbaren Wirklichkeit betrifft und somit „den rein rationalen Bereich überschreitet"[63].

---

[60] Auch der bekenntnisneutrale Staat hat die Pflicht und die Aufgabe, den in der (objektiv-rechtlichen) Grund*rechtsnorm* des Art. 1 GG „positivierten" Grund*wert* der Menschenwürde mit seinen aktuellen Implikationen (in einer für die verschiedenen Gruppen der pluralistischen Gesellschaft akzeptablen Weise) zu erhellen und zu gewährleisten. Deshalb ist es abwegig, dem Staat nur den Schutz der (subjektiven) Grund*rechte*, nicht auch der Grund*werte* zuzuerkennen. So aber Helmut Schmidt in seiner Ansprache vor der Katholischen Akademie Hamburg am 23. 5. 1976 (siehe dens., Als Christ in der politischen Entscheidung, 1976, S. 163 ff.). Dagegen: D. A. Seeber, Herder Korrespondenz 1976, Heft 8, S. 383; H. Feld, Stimmen der Zeit 1976, Heft 1, S. 561 ff. In einem Interview mit der Katholischen Nachrichten Agentur (KNA Nr. 35 vom 21. 9. 1976 hat Helmut Schmidt freilich berichtigend festgestellt, daß „der demokratische und freiheitliche, weltanschaulich neutrale Staat natürlich nicht wertneutral" ist, „wenn man auch solche grundlegenden Rechtsprinzipien" (wie die Unantastbarkeit der Menschenwürde) „als Grundwerte bezeichnet".

[61] Über die Sinnfrage als „eine mit der Existenz des Menschen verbundene Frage" siehe E. Feil, a. a. O. (Anm. 1), S. 3 ff.

[62] M. Scheler, Die Stellung des Menschen im Kosmos, 8. Aufl. 1975.

[63] E. Feil, a. a. O. (Anm. 1), S. 8; vgl. auch dens., ebenda, S. 12.

Aber der Staat wird — oder genauer gesagt: die für den Staat
handelnden Personen werden — mit der Transzendenz kon-
frontiert, wenn dieser Begriff, der Parteien Haß und Gunst
entzogen, nichts anderes leisten soll als die Vergegenwärtigung
einer ebenso seinsintensiven wie unverfügbaren Realität. Der
— wie die Juristen sagen — „unbestimmte Rechtsbegriff" der
Menschenwürde weist weit über sich hinaus entsprechend jener
von Blaise Pascal formulierten Grundeinsicht, daß der Mensch
unendlich den Menschen übersteigt[64]. In diesem Rechtsbegriff
wird *für* die staatliche Gemeinschaft und *in ihrer Mitte* die
ganze Problematik von Ethos und Religion mit ihren ebenso
großartigen wie unheimlichen Implikationen transparent, wobei
sich zeigt, daß beide Phänomene zusammengehören und daß
eine „religionslose" (d. h. ohne — transzendente — Rückbin-
dung konzipierte) Ethik eine contradictio in adjecto ist. Wer
die Menschenwürde zu verstehen und zu erhellen trachtet, kann
sich nicht den mannigfachen Perspektiven der condicio humana
entziehen, die in zahllosen theologischen, philosophischen und
literarischen Traktaten von Cicero[65] bis André Malraux[66] als
das erregendste Thema menschlichen „Aufenthalts auf Erden"[67]
behandelt worden ist.
Muß nun der Staat zur Verwirklichung wichtiger normativer
Vorhaben stets von neuem die Menschenwürde hinterfragen und
eine wenigstens partielle (auf das „Diesseits" bezogene) Entscheidung über den (transzendenten) Sinn des Lebens treffen,
so darf er sich dabei selbstverständlich nicht auf eine bestimmte

---

[64] Blaise Pascal, Über die Religion und über einige andere Gegenstände
(Pensées), übertragen und herausgegeben von E. Wasmuth, 7. Aufl. 1972,
S. 202. — Vgl. auch die Feststellung von H. Fries (a. a. O. — Anm. 1 —
S. 187), religiöser Aufbruch bedeute, daß der Mensch „über sich hinausweist
in der Unablässigkeit seiner Fragen, in der Suche nach Sinn, in der Sehnsucht
nach dem ganz anderen".
[65] Fundstellen siehe in Thesaurus Linguae Latinae, Vol. IV, 131, 72.
[66] Conditio Humana (La Condition humaine), Deutsche Übersetzung,
Zürich 1948.
[67] Titel einer Gedichtsammlung von Pablo Neruda, ins Deutsche übersetzt
von E. Arendt und St. Hermlin, 1972.

Offenbarung, Heilslehre oder Eschatologie festlegen. Aber er kann nicht umhin, sich den „Einsichten in das Humanum" zu stellen, die „auch ohne die Voraussetzung des Glaubens ihre Gültigkeit behalten"[68]. Und für die Verwirklichung der Menschenwürde *in der politischen Gemeinschaft* muß er die von den Religionsgemeinschaften, insbesondere von den großen Kirchen, vertretenen Meinungen prüfen und gegebenenfalls berücksichtigen[69]. Darüber hinaus hat er die Sinnfrage in ihrer Totalität — also auch soweit ihm seine Neutralität eine eigene Stellungnahme verwehrt — als eine Frage anzuerkennen, die jeden Bürger und die Rechtsgemeinschaft insgesamt auf das äußerste herausfordert, nicht zuletzt hinsichtlich des Problems, wie evidente Sinnlosigkeit zu ertragen und zu bewältigen ist. Diese Pflicht des Staates wird dadurch unterstrichen, daß die — in der Menschenwürde beruhende — Garantie der Religionsfreiheit nach Art. 4 GG die Religion als solche zu einem individuellen und kollektiven Rechtsgut ersten Ranges erklärt. Die Religion — „als die Form, in der das Leben als unvermeidbares Scheitern akzeptiert werden kann"[70] — darf also dem Staate nicht gleichgültig sein. Der Staat, der sich nicht für eine *bestimmte* Religion einsetzen darf, hat auf alle Fälle die *Frage nach der Religion* wachzuhalten und alle Initiativen zu ergreifen, um ihr im öffentlichen Dialog die erforderliche Aufmerksamkeit zu sichern. Er hat auf jenen „Horizont" hinzuweisen, „in dem sich Möglichkeiten und Grenzen des Menschlichen im Unendlichen verlieren"[71]; er hat den „Transzendenzbezug" des Menschen als Voraussetzung politischer Freiheit deutlich zu machen[72] und da-

---

[68] K. Lehmann, a. a. O. (Anm. 50), S. 17.
[69] Wie Mikat (a. a. O. — Anm. 10 —, S. 42) zutreffend bemerkt, ist staatliches Recht noch nicht dadurch eine (unzulässige) „Umsetzung kirchlicher Forderungen", „weil es mit den Wertvorstellungen beider oder einer der Kirchen ganz oder teilweise übereinstimmt".
[70] H. N. Janowski, a. a. O. (Anm. 1), S. 108.
[71] E. Kellner, in: Christliche Politik, Gespräche der Paulusgesellschaft (Hrsg. E. Kellner), 1976, S. 13.
[72] H. Buchheim, a. a. O., S. 153.

mit die „Einsicht in die Bedingtheit, in die Vorläufigkeit, in die Ergänzungsbedürftigkeit der menschlichen Existenz"[73] zu unterstreichen. Ich meine sogar, der Staat sollte offen sein für die Entwicklung eines religiösen „Minimalkonsenses"[74], der eine größtmögliche Zahl konfessioneller Selbstverständnisse in sich aufnimmt. Die Wirksamkeit eines solchen Konsenses müßte keineswegs zu einer nivellierten „abstrakten ‚Religion an sich'"[75] führen, wenn *die Betroffenheit des Menschen durch das Unverfügbare* im Mittelpunkt steht[76]. Gewisse Ansätze in der neueren Theologie und Philosophie, die aus traditionellen Denk-, Glaubens- und Antiglaubensschablonen heraustreten, lassen die Verwirklichung des angesprochenen Anliegens nicht aussichtslos erscheinen. Ich verweise auf das Konzept des „anonymen Christentums"[77] von Karl Rahner sowie auf die „Aufwertung des Begriffes und der Sache Religion"[78], etwa durch Wolfhart Pannenberg[79] und Ulrich Mann[80]. Ich verweise weiter auf die Aufbrüche im nicht-theistischen Lager, wie sie im „Prinzip Hoffnung"[81] von Ernst Bloch, in Milan Machovecs Buch „Jesus für Atheisten"[82] und in Roger Garaudys Bekenntnissen über seine

---

[73] H. Buchheim, a. a. O., S. 156.

[74] Hierzu siehe auch die abweichende Meinung des Richters Dr. v. Schlabrendorff zum Beschluß des Zweiten Senats des Bundesverfassungsgerichts vom 11. 4. 1972, BVerfGE 33, 41 f.

[75] Hierzu siehe U. Tworuschka, Lutherische Monatshefte 1976, Heft 4, S. 193.

[76] Unter diesem Gesichtspunkt stellt sich in der Tat die (von E. Feil, a. a. O. — Anm. 1 —, S. 4 aufgeworfene) Frage, ob „man überhaupt ‚nichtreligiös' sein" kann „in dem doppelten Sinn des Atheismus und des Antitheismus".

[77] Zu diesem Theologumenon siehe K.-H. Weger, Stimmen der Zeit 1976, Heft 5, S. 319 ff., sowie das dort besprochene Buch: E. Klinger (Hrsg.), Christentum innerhalb und außerhalb der Kirche, 1976.

[78] U. Tworuschka, a. a. O. (Anm. 75), S. 192.

[79] Erwägungen zu einer Theologie der Religionsgeschichte, in: Grundfragen systematischer Theologie, 2. Aufl. 1971, S. 252 ff.

[80] Die Religion in den Religionen, 1975.

[81] Das Prinzip Hoffnung, 3. Aufl. 1976.

[82] 1972.

Begegnung mit dem Kreuz und dem Gekreuzigten[83] manifest geworden sind[84]. Eine Möglichkeit für die Festlegung des erstrebenswerten Konsenses könnte in einer Formel von Heinrich Fries gesehen werden, nach der Gott „das unsagbare Geheimnis unserer selbst ist, aus dem wir kommen, durch das wir leben, auf das hin wir unterwegs sind"[85].

Wir brauchen den intellektuellen Pluralismus unserer Epoche mit seinem schier unbegrenzten Spaltungstrend[86] nicht als ein unabwendbares Naturereignis hinzunehmen. Das Ausgeliefertsein an den Zeitgeist spricht nicht gegen die Fähigkeit, ihn zu beeinflussen. Wir können versuchen, inmitten aller pluralistischen Konflikte „geistige Koexistenzstrukturen"[87] zu entwickeln; wir können versuchen, in der Vielzahl der Meinungen einen Konsens zu finden[88] und aus der Zerstreutheit der Standorte einer geistigen Mitte zuzustreben, in der die aporetische Unruhe über den Sinn des Lebens eine integrierende Funktion wahrnimmt.

4. Der Anerkennung eines verfassungsrechtlichen Strukturprinzips der Sinnverantwortung des Staates käme eine erhebliche verfassungsrechtliche und verfassungspolitische *Bedeutung* zu.

a) Als *überholt* erwiese sich die *Auffassung*, daß ein die Bekenntnisneutralität ernst nehmender *Staat selbst religionslos sein müsse*, weil staatliche Religiosität immer nur in der Sym-

---

[83] Menschenwort — Ein autobiographischer Bericht, 1975.

[84] Zu dieser Entwicklung siehe auch H. Fries, a. a. O. (Anm. 1), S. 188, 191 f.

[85] H. Fries, a. a. O. (Anm. 1), S. 185.

[86] Vgl. Romano Guardinis Feststellung (a. a. O. — Anm. 3 —, S. 55), das Prinzip des Pluralismus dringe so weit vor, „daß es überhaupt keine allgemein anerkannten Werte, Maßstäbe usw. gibt, sondern das Chaos herrscht".

[87] Wie sie M. Heckel (JuS 67, 494) bereits im Augsburger Religionsfrieden wahrgenommen hat.

[88] Auf die Tatsache, daß „Pluralismus ohne Integration zerfällt" und daß die „Grenzen des Pluralismus" durch das bestimmt sind, „was die Verfassung an Grundlegendem und Unverfügbarem normiert", hat A. Hollerbach (a. a. O. — Anm. 24 — S. 14 f.) hingewiesen.

pathie für *bestimmte* religiöse Überzeugungen beruhen könne. Wenn der Staat von der Sinnfrage *betroffen* ist und diese als eine zentrale menschliche und politische Frage im Rahmen seiner Programme berücksichtigt, so kommt darin weder eine Identifikation mit einer bestimmten Religion noch eine Blindheit gegenüber der religiösen Problematik zum Ausdruck.

b) Die Sinnverantwortung des Staates wäre als ein *verfassungsrechtliches Leitbild* zu verstehen, das sowohl der öffentlichen Gewalt wie dem einzelnen Ziele setzt. Inwieweit sich aus einem solchen Leitbild einklagbare Rechte und Pflichten ableiten lassen, ist dann eine andere Frage. Die Ausformung früherer verfassungsrechtlicher Programmsätze zu Grundrechtsnormen, die einklagbare subjektive öffentliche Rechte gewähren, markiert sicher einen fundamentalen Fortschritt in der Lehre von den Aufgaben einer rechtsstaatlich-demokratischen Verfassung. Doch muß auch der Blick dafür geschärft werden, daß die Verfassung nicht nur ein Rezeptbuch für Bürger und Richter, sondern auch und vor allem ein Plan ist, der durch seine normative Autorität die Rechtsgemeinschaft „in Form" bringen und halten soll.

c) Beispielhaft seien im folgenden einige *praktische Folgerungen* angeführt, die sich aus der Anerkennung einer Sinnverantwortung des Staates ergäben:

1) Das *Reden über Gott in öffentlichen Institutionen* ist *nicht verfassungswidrig*, sondern durchaus verfassungskonform und -notwendig, sofern es ohne Bekehrungstendenzen erfolgt und in einem von Toleranz geprägten Dialog nach Wegen sucht, die der Erhellung der religiösen Dimension als der schlechthin wesentlichen Dimension menschlichen Denkens und Handelns dienen.

2) Bei der *Einführung von Rahmenplänen im Unterrichtswesen* ist *entscheidender Wert auf die Auseinandersetzung mit der Sinnfrage zu legen.*

3) Auch die (bekenntnisgebundene) *Theologie* erfüllt in der allgemeinen Diskussion der Sinnfrage die wichtige Funktion,

Sinnkonzepte zu entwerfen und zu artikulieren; sie *darf* daher *nicht von den Universitäten verdrängt* und an ihnen durch eine sogenannte objektive Religionswissenschaft ersetzt *werden*.

4) Die *mit der Sinnfrage zusammenhängenden geistes- und naturwissenschaftlichen Probleme* sind — etwa durch die Bildung von Sonderforschungsbereichen an einer Universität oder über mehrere Universitäten hinweg — *einer gezielteren und umfassenderen wissenschaftlichen Behandlung zuzuführen;* wünschenswert erschiene u. a. eine zentral geleitete systematische Untersuchung der die Menschenwürde tangierenden anthropologischen Probleme aus der Sicht der verschiedenen Disziplinen, wobei für die Festlegung der Forschungsaufgaben im einzelnen die jüngst von Hans-Georg Gadamer und Paul Vogler herausgegebene Neue Anthropologie[89] sowie die neueren theologischen Anthropologie-Entwürfe — insbesondere Jürgen Moltmanns Buch „Mensch"[90] und Helmut Thielickes letztes Werk „Mensch sein — Mensch werden"[91] wichtige Hinweise geben könnten[92].

5) Alle *Einrichtungen, die* — wie die evangelischen und katholischen Akademien — *die Sinnfrage* in ihren aktuellen Aspekten unter Beachtung der verschiedenen Standpunkte *behandeln, verdienen besondere staatliche Förderung,* insbesondere in finanzieller Hinsicht.

6) Der *Staat* hat auch dem *Schicksal der „verstoßenen Alten"[93] und Kranken seine Aufmerksamkeit zuzuwenden* und in Zusammenarbeit mit den Religionsgemeinschaften die Voraussetzungen dafür zu schaffen, daß die Enterbten und Hilflosen der Gesellschaft noch einen Sinn finden und nicht in (sicher

---

[89] Band 1 bis 7, 1972/1974.

[90] 1971.

[91] 1976.

[92] Vgl. auch: G. Sauter, Evangelische Kommentare 1976, Heft 4, S. 204 f.; G. Picht, Lutherische Monatshefte 1976, Heft 5, S. 256 ff., und Heft 6, S. 305 ff.

[93] Siehe hierzu F. K. Fromme, Die verstoßenen Alten, Frankfurter Allgemeine vom 7. 2. 1977, Nr. 31, S. 1.

stets blank gescheuerten) traurigen Heimen dahindämmern mit dem einzigen Privileg, das Vor-Sterben anderer aus nächster Nähe beobachten zu dürfen.

7) Die Sinnverantwortung des Staates gibt schließlich dem Staat die *Legitimation*, den Religionsgemeinschaften, die gemäß Art. 140 GG in Verb. mit Art. 137 Abs. 5 Satz 2 WRV „durch ihre Verfassung und die Zahl ihrer Mitglieder die Gewähr der Dauer bieten", — als den wesentlichen gesellschaftlichen Trägern des religiösen Dialogs — den besonderen *religionsgemeinschaftlichen Status einer Körperschaft des öffentlichen Rechts und das Steuererhebungsrecht* zuzuerkennen[94].

C.

Es soll nicht verkannt werden, daß die Annahme eines Verfassungsprinzips der Sinnverantwortung des Staates *Probleme* aufwirft, die *noch sorgfältiger Überlegungen* bedürfen. Aber schon die Diskussion dieser Probleme könnte in das vorhandene Vakuum an Leitbildern einen elan vital einbringen. Die rechtlichen Argumente müssen solide sein, doch laufen sie leer, wenn die charismatischen Impulse fehlen. Zum Engagement aufgerufen sind die unser Recht formenden Staatsorgane sowie alle Repräsentanten des Pouvoir Spirituel[95], die einzelnen und die Gemeinschaften, die sich darum bemühen, dem Ereignis „Mensch" und damit auch sich selbst einen Sinn abzugewinnen; denn das ist wohl eine entscheidende — vielleicht: *die einzige entscheidende* — Frage unserer Zeit, ob wir uns dem Sinn des

---

[94] Vgl. auch die (aus der staatlichen Pflicht zur Freiheitsvorsorge abgeleitete) Feststellung A. Hollerbachs (a. a. O. — Anm. 24 —, S. 18), daß das „System der staatlichen Rechts- und Finanzhilfen zugunsten der Kirchen nicht mehr nur als bloß historisch überkommenes Faktum erscheint, sondern geradezu eine neue sachliche Legitimation erfährt". In dieser Allgemeinheit dürfte diese (auf die Kirchen beschränkte) Feststellung freilich nicht ganz unproblematisch sein.

[95] Zu diesem Begriff vgl. Obermayer, a. a. O. (Anm. 6), Rdnr. 79.

Lebens stellen und einer Welt der Bedürfnisse und Konflikte, der Zufälle und Hoffnungslosigkeiten, der Entbehrungen und Katastrophen das leidenschaftliche, weltverändernde Bekenntnis zum Geiste entgegenhalten — oder ob wir, von Wohlfahrt saturiert und von Hybris betört, sinn-los in die Zukunft hineintreiben.